CATALOGUE

D'UNE COLLECTION

DE BONS

TABLEAUX ANCIENS

DES ÉCOLES

Flamande, Hollandaise, Allemande, Italienne & Française;

DONT LA VENTE AURA LIEU

HOTEL DROUOT, SALLE N° 2

Le Vendredi 16 Novembre 1866

A DEUX HEURES PRÉCISES

Par le ministère de Mᵉ **Auguste LANGOIT,** Commissaire-Priseur,
rue de Choiseul, 5,

Assisté de M. **DHIOS,** Expert, rue Le Peletier, 33,

Chez lesquels se distribue le présent Catalogue.

EXPOSITION PUBLIQUE

Le Jeudi 15 Novembre 1866, de une heure à cinq heures.

PARIS

RENOU & MAULDE

IMPRIMEURS DE LA COMPAGNIE DES COMMISSAIRES-PRISEURS
Rue de Rivoli, 144

1866

EXEMPLAIRE DE DHIOS

CATALOGUE

D'UNE COLLECTION

DE BONS

TABLEAUX ANCIENS

DES ÉCOLES

Flamande, Hollandaise, Allemande, Italienne & Française;

DONT LA VENTE AURA LIEU

HOTEL DROUOT, SALLE N° 2

Le Vendredi 16 Novembre 1866

A DEUX HEURES PRÉCISES

Par le ministère de Me **AUGUSTE LANGOIT,** Commissaire-Priseur,
rue de Choiseul, 5,

Assisté de M. **DHIOS,** Expert, rue Le Peletier, 33,

Chez lesquels se distribue le présent Catalogue.

EXPOSITION PUBLIQUE

Le JEUDI 15 Novembre 1866, de une heure à cinq heures.

PARIS

RENOU & MAULDE

IMPRIMEURS DE LA COMPAGNIE DES COMMISSAIRES-PRISEURS
Rue de Rivoli, 144

—

1866

CONDITIONS DE LA VENTE

Elle aura lieu expressément au comptant.

Les acquéreurs auront à payer CINQ CENTIMES par franc en sus des enchères.

L'Exposition mettant le public à même de se rendre compte de l'état des Tableaux, il ne sera admis aucune réclamation, une fois l'adjudication prononcée.

DÉSIGNATION

DES

TABLEAUX

ARTOIS (Van)

1 — Grand et beau Paysage boisé.

    Sur le devant, on voit un berger conduisant un troupeau de vaches.

BAPTISTE MONNOYER

2 — Corbeille remplie de fleurs.

BARROCHIO

3 — Sainte Famille. Peinture en grisaille.

BEAUBRUN

4 — Portrait de Mme de Châtillon. (Ovale.)

BONIFAZIO

5 — L'Adoration des Mages.

BRONZINO

— Vénus couchée.

BRUANDET ET DEMAY

7 — Paysage avec terrains accidentés.

Sur le premier plan, deux cavaliers et une femme conduisant des chèvres.

CHAMPAIGNE (Philippe de)

8 — Portrait d'un Guerrier. Époque Louis XIV.

CLOUET (École de Janet)

9 — Portrait d'un Jeune Page.

COSTA (Lorenzo)

10 — La Vierge et l'Enfant Jésus entourés de saint Georges et de sainte Catherine.

CRESPI

11 — Portrait d'un personnage. Époque Louis XIII.

CUYP (Albert)

12 — Vue d'une ville de Hollande.

De nombreuses barques de plaisance et quantité de bateaux sillonnent une rivière à l'entrée d'une ville. Le quai, bordé d'habitations, est animé d'un grand nombre de figures; un pont, sous lequel passent les bateaux, traverse la rivière.

Tableau capital.

DROUAIS le fils

13 — Portrait de Jeune Femme.

DURER (Pastiche, d'après ALBERT)

14 — La Mélancolie.

DYCK (École de VAN)

15 — Portrait d'un Gentilhomme tenant une lettre à la main.

FLINCK (GOVAERT)

16 — Portrait de Guerrier.

FRANCK-FLORIS

17 — Le Jugement de Pâris.

FRAGONARD (École de)

18 — La Toilette de Vénus.

GENNARI

19 — La Communion de sainte Thérèse.

GIORGION (Attribué à)

20 — Portrait d'une jeune noble Vénitienne.

HALLÉ (Noel)

21 — Antiochus renversé de son char.

Antiochus Épiphanes se rendant en toute hâte à Jérusalem pour exterminer la nation juive et détruire le temple, est emporté par ses chevaux et renversé de son char : on le voit le corps étendu sur un rocher ; un soldat se précipite pour le relever, tandis qu'un second, de l'autre côté du char, tend ses bras pour le secourir ; le cocher, monté sur le cheval, se retourne avec effroi vers le roi, et fait des efforts pour retenir les deux chevaux qui se cabrent et occupent la droite du tableau ; au second plan, au-dessus du char, on remarque un cavalier porteur d'un drapeau et regardant la scène ; et, à gauche, un jeune homme arrêtant un cheval qui se cabre.

En bas, à droite du tableau, l'année 1738 ?

Ce tableau a obtenu le grand prix au Concours de 1738 ; a été gravé par l'auteur lui-même, à l'eau-forte en 1739, et se trouve décrit dans le *Peintre-Graveur français,* par M. Prosper de Baudicourt, vol. Ier, p. 17.

HOBBÉMA (École de)

22 — Paysage avec rivière et personnages.

HOLBEIN (Attribué à)

23 — Portrait de Dame en costume du XVIe siècle.

HONDEKOETER

24 — Paysage au milieu duquel sont représentés divers volatilles : paons, canards, faisan, coq, poules et poussins.

JEAURAT

25 — Vue de la place Maubert au XVIIIe siècle.

Ce tableau représente une scène populaire près d'une fontaine où deux femmes sont aux prises, entourées d'un grand nombre de curieux.

JORDAENS (Signé)

26 — Convoi de bestiaux; figures grandeur naturelle.

KRANACH (Luca)

27 — Adam et Ève.

Très-beau tableau d'un fini précieux.

Figures de grandeur naturelle.

LAMBRECHT

28 — Intérieur flamand.

LANCRET

29 — Les Plaisirs de l'Hiver.

30 — Les Patineurs.

LANTARA

31 — Paysage.

Sur le premier plan, un étang avec figures de pêcheurs.

LENAIN

32 — Les Joueurs de cartes.

LESUEUR

33 — Le Père Éternel.

LUINI (Attribué à)

34 — Tête du Christ. Peinture d'un beau caractère.

MAAS (Attribué à)

35 — Tête de vieille femme.

MANS

36 — Paysage avec nombreux personnages. Effet d'hiver.

MEULEN (Van der)

37 — Louis XIV à cheval.

MIÉRIS

38 — La Marchande de poissons et de légumes.

MIÉRIS (Attribué à)

39 — Le Médecin aux urines.

MIGNARD

40 — Portrait de Mme de Sévigné. (Forme ovale, cadre sculpté.)

NATTIER

41 — Portrait d'une jeune Dame; son cou est orné d'un collier de perles.

NUOVOLONE (Panfilo)

42 — Agard dans le désert.

43 — Rebecca et Eliézer.

OTTO VÉNIUS

44 — Buste de jeune femme.

SÉBASTIEN DEL PIOMBO (Attribué à)

45 — La Femme adultère amenée devant Jésus qu'entourent les Docteurs de la Loi et les Pharisiens.

> Elle a les mains croisées, ses bras sont nus ; les yeux baissés, elle attend son jugement avec résignation. Jésus, dont les traits respirent la douceur et la bonté, est représenté au moment où il dit aux Pharisiens ces paroles pleines de sagesse : « Que celui « d'entre vous qui est sans péché lui jette la pierre. »
>
> Ce tableau, d'un fini précieux d'exécution, joint à la perfection de l'art un avantage particulier : on y retrouve les traits de quelques artistes les plus célèbres de l'École vénitienne. L'auteur s'est peint lui-même dans une des principales figures du tableau : c'est le juge israélite qui a la tête voilée. Il y a introduit aussi le portrait du Giorgion, qui avait été son maître : c'est le militaire en armure dont la tête est au-dessus de celle de la femme. Le même portrait a été publié dans la *Galerie de Florence*. L'autre tête à barbe noire, à côté du Juif, est celle de Palme le Vieux. (*Extrait du catalogue de la Galerie Justiniani.*)
>
> Peint sur toile. — Larg.   c. Haut.   c.

PIOMBO (Attribué à Sébastien del)

46 — Décollation de saint Jean-Baptiste.

PŒLEMBURG

47 — Paysages avec baigneuses.

PORBUS

48 — Diogène et Alexandre.

RAOUX

49 — Concert de Bacchantes.

50 — L'Oiseau apprivoisé.

RENI (Guido)

51 — La Madeleine expirante soutenue par des anges.

52 — L'Aurore semant des fleurs sur son passage.

ROBERT (Hubert)

53—54 — Deux Tableaux formant pendant représentant des monuments à Rome. Compositions animées de jolies figures.

ROTTENHAMER

55 — Diane et ses Nymphes surprises par Actéon.

RUBENS (École de)

56 — La Vierge, l'Enfant Jésus et saint Jean; plusieurs anges offrent des fleurs à l'Enfant Jésus.

Charmant médaillon entouré d'une guirlande de fleurs

RUBENS (Attribué à)

57 — Un grand Tableau représentant la Famine; trois figures
et un enfant mordent dans un choux.

SCHIDONE

58 — La Mise au Tombeau.

SCHUTZ

59 — Paysage. Vue des bords du Rhin.

SECANTE (Giacomo), dit LE TROMBON, d'Udine

60 — Descente de Croix.

Ce tableau provient de l'église de Confraternità dei Calzolai, où
il a également peint la Passion de Jésus-Christ à la fresque. Voyez
Storie de l'Arti friulane, Udine, 1823, p. 105.

Les tableaux de ce maître, ainsi que ceux de son frère Sebas-
tiano Secante, sont d'une excessive rareté.

SIRANI (Élisabeth)

61 — La Madeleine repentante.

STEEN (J.)

62 — Intérieur hollandais.

TÉNIERS (David)

63 — Paysage avec personnages causant.

64 — Les Musiciens.

TÉNIERS (David), le père

65 — Mendiants près d'une chaumière.

TITIEN (École du)

66 — Portrait de sa maîtresse.

VERHEYDEN (Signé)

67 — Orfèvrerie, Armures et Nature morte.

VÉRONÈSE (Carletto)

68 — L'Enlèvement d'Europe.

WATTEAU (Genre de)

69 — Scène de jardin.

70 — Intérieur de parc.

ÉCOLE ALLEMANDE

71 — Portrait de l'impératrice Marie-Thérèse d'Autriche.

72 — Portrait de Léopold II.

ÉCOLE FRANÇAISE

73 — Madame de Montespan. (Miniature.)

ÉCOLE HOLLANDAISE

74 — Portrait d'Enfant avec un chien.

ÉCOLE ITALIENNE

75 — Sainte Famille.

MAITRE ITALIEN

76 — Portrait de Femme.

ÉCOLE GOTHIQUE ITALIENNE

77 — Sujet religieux. Peinture sur fond d'or.

ÉCOLE FERRARAISE

78 — Orphée et Eurydice.

ÉCOLE VÉNITIENNE

79 — Mars et Vénus.

ÉCOLE GOTHIQUE

80 — Sainte Famille entourée d'anges.

Au bas, à gauche, est représentée agenouillée une princesse portant une couronne sur la tête.

RENOU ET MAULDE, imprimeurs de la Compagnie des Commissaires-Priseurs, rue de Rivoli, 144.   57054